# HAPPY SLOW

*PIÙ TEMPO PER NOI*

*SENZA ABBANDONARE*

*LA CUCINA DI UNA VOLTA*

Di   FABIO IACONO

Prefazione di Ingrid Stoffels

Testo introduttivo a cura di Gina Traverso

Testo di introduzione alle tecniche della slow-cooker e del sottovuoto a cura di Fabio Iacono

Ricette a cura di Fabio Iacono

© 2014 Fabio Iacono – Genova

Distributore LuLu. Com

ISBN 978-1-326-02116-0

# SOMMARIO

## Ricette

*A mia moglie Sonja, ed ai miei figli Virginia e Riccardo….*

*….che sopportano ogni giorno questa mia passione.*

# Prefazione:

Chi non apprezza il buon cibo? Mangiare e bere sono sicuramente tra i miei passatempi preferiti.

Ma il cibo significa molto di più.

In quanto giovane madre, mi impegno quotidianamente a proporre alla mia famiglia alimenti freschi e nutrienti combinati al buon gusto.

Ma spesso, la preparazione richiede molto tempo. Anche se mi piace dilettarmi in nuove ricette, devo ammettere che non sono molto brava nella realizzazione di ciò che viene indicato. Spesso, per mancanza di tempo e di energia, tendo a preparare gli stessi piatti più volte.

Fino a quando ho scoperto la *Slow Cooker*.

Sono Direttore Marketing presso una grande multinazionale e il tempo a mia disposizione é molto limitato. Viaggio in continuazione, partecipo ad eventi, seminari ed a innumerevoli riunioni, spesso non programmate.

Le mie giornate sono lunghe e l'imprevisto é all'ordine del giorno. I tempi ristretti ai quali sono sottoposta rendono la cucina un momento molto impegnativo.

La *Slow Cooker* mi offre l'opportunità di mantenere i miei doveri fondamentali di madre e moglie, senza compromettere gli ingombranti impegni lavorativi, riuscendo a integrare alimenti freschi, spesso acquistati in negozi biologici o da contadini locali, in piatti meravigliosi. Un'esplosione di sapori intensi e genuini, che lega la moderna cucina con quella tradizionale e antica delle nostre nonne. Un salto nel tempo di sapori e tradizioni, alla riscoperta degli antichi aromi di carne e pesce, senza investire tanto tempo e concentrazione.

Infine, devo ammettere che uscire di casa la mattina con la cucina pulita ed in ordine e tornare a casa alla sera con una cena appetitosa, pronta per essere servita e degustata dalla famiglia, é qualcosa che, per una donna, non ha prezzo.

Ingrid Stoffels

## Introduzione:

In Primavera fui invitato nella casa di campagna del mio amico Davide. La casa si trova a Cravaria nell'entroterra genovese, paesino dove ancora intatti sono contadini e orti.

Sono un cuoco e durante queste giornate con amici, vengo sovente "incentivato" a preparare un piatto.

Quel giorno mi sono cimentato in una tipica ricetta genovese: il sugo aù toccu (al tocco) , che consiste nel brasare a lungo un pezzo di carne, mediamente povera (cappello del prete/sottopaletta),  per 4/5 ore ed utilizzarne infine il suo succo per condire la pasta; tipicamente ravioli di magro.

A casa o al ristorante, dove lavoro, il risultato è sempre stato ottimo, ma in quella circostanza è venuto un capolavori di gusti.

Cosa aveva conferito al mio piatto quel sapore eccezionale?

Sicuramente i prodotti dell'orto raccolti al momento, ma soprattutto l'utilizzo di una vecchia pentola in terracotta e della stufa a legna, appartenuti al nonno di Davide.

Da qui l'idea: fare evolvere la cucina, riscoprendo i metodi di cottura lenti che usavano, appunto, i nostri nonni.

La cottura lenta, che per anni è stata dimenticata, ma viene sovente utilizzata dagli chef, che esalta la bontà delle carni, mantenendone i succhi all'interno e sciogliendone i tessuti connettivi.

La marinatura, la tecnica del sottovuoto, il bagnomaria, il roner (bagno con termostato professionale), la cottura al vapore, le cotture confit (sostanzialmente pietanze cotte in un grasso), l'affumicatura, cottura lenta in forno, in casseruola sono tutte metodologie di cottura lenta ed ognuna avrebbe bisogno di uno studio approfondito.

In questo libro, vado a riscoprire un'antica cottura, ossia quella di accostare ad un recipiente di terracotta, una fonte di calore come il caminetto o la stufa, in maniera tale da ottenere una cottura lenta e idonea soprattutto ai tagli più economici e grassi della carne.

Il tutto può essere riprodotto anche a casa, con una spesa limitata, con la pentola Slow cooker (o Crock-pot) accostata o meno ai metodi della cottura sottovuoto.

L'arte culinaria ha ormai imparato a sfruttare ogni elemento, dall'azoto liquido ai nuovi estratti odoriferi e gelificanti che poco hanno a che fare con le erbe aromatiche dell'orto del nonno, tanto che ci chiediamo: quale sarà la nuova tendenza?

Che genere di cucina "alla moda" perpetreranno i media domani?

Cucina fusion, tecnologica, molecolare…e poi?

I ritmi dettati dalla società odierna, difficilmente lasciano il tempo di procurarsi ingredienti alla moda e le mamme o gli appassionati di cucina non hanno molto tempo da dedicare alla cucina lenta; *"alla cucina della nonna"*.

Invece, con l'ausilio della pentola slow-cooker, non solo abbiamo i vantaggi dal punto di vista nutrizionale ma soprattutto abbiamo la possibilità di mettere a cuocere velocemente le pietanze prima di uscire di casa e tornare trovando il pranzo o la cena pronti.

La slow cooker difatti è l'unica pentola che non ha bisogno di alcun controllo nè mescolamento per tutto il tempo della cottura.

Nel libro, non ho mancato di inserire delle ricette che ho provato negli anni a casa e non, ricette adatte sia alla slow-cooker sia alla cucina sottovuoto; ricette per chi è alle prime armi, per chi cucina tutti i giorni a casa e per chi cerca qualcosa in più.

# La pentola slow cooker o crock-pot

## (per la cucina di tutti i giorni ).

La Slow cooker (o Crock-pot) è una pentola elettrica in cui gli alimenti cuociono molto lentamente.

E' formata da due parti: una sottostante di metallo, in cui è ospitata la resistenza, nella quale si inserisce una seconda parte che è costituita da un vaso di ceramica ed un coperchio in genere di vetro.

La slow cooker prevede tre temperature di utilizzo; high (alta), medium (media) e slow (lenta). In alcuni modelli disponibile sul mercato, c'è anche la possibilità di programmare la cottura; la funzione Warm serve per mantenere i cibi al caldo una volta pronti.

La caratteristica principale della slow-cooker è quella di sobbollire gli alimenti, cocendoli in modo molto dolce e lento, con diversi vantaggi sia per il gusto sia per il loro valore nutritivo in quanto, gli elementi in essi contenuti cocendo a bassa temperatura si degradano molto meno rispetto ad una cottura più violenta.

Altre caratteristiche risiedono nella praticità di preparazione e nel consumo davvero esiguo di corrente elettrica.

Durante la cottura bisogna evitare sia di aprire spesso il coperchio (nel caso lo facciate per più di due volte aggiungere circa 15 minuti di cottura supplementare, questo per ovviare alla dispersione del calore) sia di cuocere alimenti ancora surgelati, o comunque molto freddi.

Bisogna assicurarsi che l'alimento sia perfettamente scongelato anche all'interno, perché la bassa temperatura e la lunga cottura potrebbero favorire una pericolosa proliferazione batterica.

Per la cottura, bisogna ridurre della metà i liquidi previsti per la ricetta originale prevista per la cottura normale e riempire la slow cooker per non meno della metà e per non più dei ¾ della sua capienza.

Infine bisogna evitare gli sbalzi di temperatura, (per esempio aggiungere del liquido freddo mentre cuoce) perché il recipiente di ceramica è molto sensibile a questi sbalzi e si potrebbe irrimediabilmente spaccare

La slow-cooker è molto adatta nelle preparazioni in cui è necessaria una cottura lenta e uniforme, come ragù, spezzatini, stracotti di carne, zuppe, verdure, fondute e legumi.

Vediamo in generale, le pietanze più adatte alla cucina "lenta".

*La carne:*

Sono adatti i tagli più economici e meno pregiati sia della carne bovina (Fesone di spalla, Fusello, copertina di spalla, polpa di spalla o brione, coste della croce, reale, biancostato, pesce...) sia della carne suina (lombate, stinco, spalla) perché la lunga cottura li rende morbidi e sugosi.

Carni ricche di collagene ed elastina avrebbero bisogno per cuocere di temperature maggiori; si possono per cui rendere tenere e quindi mangiabili, aumentando i tempi di esposizione al calore.

Prima della cottura è sempre meglio sigillare (rosolare) la carne a fiamma alta in una padella di allumino, rame o antiaderente, per consentire di creare la tipica crosticina marrone scuro, risultato della caramellizzazione delle proteine (la reazione *"di Maillard"* che avviene ad alte temperature, tra i 140°C e i 180 °C)

Dopo questa operazione si può procedere a posizionare la carne nella slow-cooker con il condimento desiderato e/o del liquido (brodo, vino, fumetto di pesce.. ecc..) di cottura naturalmente non evaporerà come in una pentola normale e per questo bisognerà utilizzarne in minore quantità.

*Le verdure:*

Le verdure vanno tagliate in pezzi piccoli, possibilmente regolari, per garantire lo stesso grado di cottura. Le verdure cotte a basse temperatura sono superbe in termini di consistenza, colore e sapore.

Se vogliamo cucinare le carote glassate (disponete gli ortaggi nella slow cooker, aggiungete 50 g di burro per ogni kg di vegetali, un pizzico di sale, 10-15 g di zucchero e acqua, in modo da coprire quasi interamente tutte le verdure) il risultato sarà ottimale.

Per le verdure comunque, bisogna fare un inciso.

Alcuni ortaggi necessitano di una scottatura in acqua, detta *sbianchitura*, prima di essere sottoposti alla cottura vera e propria.

Immergete i vegetali in acqua bollente, a pentola scoperta per le verdure verdi, coperta per bianche, e non appena l'acqua riprende il bollore, scolate e abbattete in acqua e ghiaccio, quindi stendeteli ad asciugare.

Ora le verdure sono pronte per la slow-cooker

*Crostacei e molluschi:*

Questi, cotti ad alte temperatura, diventano coriacei; la bassa temperatura garantisce che polpi, astici, seppioline, calamari restino tenerissimi.

*Pesce:*

Cuocere il pesce esige molta abilità. Con la bassa temperatura le carni del pesce non soffrono rosolature, per cui mantengono un sapore ed un profumo impareggiabile.

*I legumi:*

I legumi risulteranno molto più digeribili e morbidi rispetto alla cottura normale.

Mentre per le altre cotture è preferibile utilizzare la temperatura low, per i legumi (messi a bagno da 6 a 12 ore) è preferibile impostare la temperatura su High.

*Varie:*

La pentola, può essere utilizzata anche per fondere il cioccolato, per la preparazione dello yogurt e creme, proprio perché mantiene una cottura uniforme e bassa al suo interno.

Infine, naturalmente, può essere utilizzata come bagno maria (utilizzo con i sacchetti del sottovuoto e non).

## Le tecniche del sottovuoto
### (Per un'esperienza culinaria più complessa)

Cuocere un alimento sottovuoto, significa cuocere un alimento in assenza completa o quasi di aria.

Il sottovuoto si ottiene tramite l'aspirazione dell'aria e la sigillatura, per impedire la fuoriuscita della stessa.

In pratica, nella cottura sottovuoto, l'alimento inserito nel sacchetto di plastica, che viene sigillato con l'ausilio della macchina per sottovuoto, non viene a diretto contatto con l'ambiente esterno.

La protezione offerta dal sacchetto impedisce i fenomeni di osmosi conseguenti al contatto con l'acqua o il vapore che comprometterebbero gusto e sugosità del cibo, inoltre l'assenza d'aria intorno all'alimento, riduce notevolmente l'evaporazione dei liquidi in esso contenuti durante le cottura, mantenendo l'alimento cotto più umido.

Quando l'alimento è pronto dopo la cottura, lo si estrae dal sacchetto e lo si rifinisce o saltandolo in padella o alla griglia per un consumo immediato, oppure senza estrarre l'alimento dal sacchetto, lo si può immettere in acqua e ghiaccio, raffreddarlo; dopodiché si può mettere il sacchetto in frigo o in freezer per una consumazione non immediata.

Gli elementi necessari per la cottura sottovuoto in casa (nei ristoranti abbiamo apparecchi professionali come la macchina sottovuoto a campana, i forni trivalenti, i roner e gli abbattitori di temperatura) sono:

1) la macchina sottovuoto, che crea il vuoto in appositi sacchetti di plastica speciale resistenti alle temperature di cottura e li sigilla. La migliore è quella "a campana", molto versatile ma costosa, in grado di creare un vuoto al 99 per cento e, soprattutto, di mettere sottovuoto anche i liquidi. A casa si può usare una macchinetta "a estrazione" acquistabile in rete a partire da 60€ circa (comprensiva di alcuni sacchetti plastici) , evitando di mettere i liquidi nel sacchetto oppure mettendoli congelati a cubetti, così che la pompa della macchina non risucchi il liquido guastandosi irrimediabilmente.

2) Una pentola slow-cooker (acquistabile in rete a partire da 45 €). La pentola in questo caso deve essere riempita di acqua fino a coprire completamente i sacchetti in modo da emulare il roner dei ristoranti(bagno con termostato professionale).

3) I sacchetti di materiale plastico per la cottura fino a 140 °C

4) Una vasca con acqua e ghiaccio

Il procedimento per la cottura in sottovuoto è essenzialmente il seguente:

1) Preparazione del prodotto (pulizia, condimento)

2) Sigillatura dei succhi in padella, se si tratta di carne

3) Messa in sottovuoto del prodotto nei sacchetti plastici adatti

4) Cottura dell'alimento all'interno della slow-cooker riempita adeguatamente di acqua (Per ovviare all'utilizzo della slow-cooker, si potrebbero utilizzare le pentole normali di casa riempite di acqua ma, in questo caso, bisognerà per forza di cose essere presenti e misurare costantemente la temperatura dell'acqua con termometro. **Dato il costo poco elevato, ed i vantaggi prima illustrati, consiglio sicuramente l'utilizzo della slow-cooker)**

5) Apertura del sacchetto e consumo immediato oppure abbattimento della temperatura dell'alimento in acqua e ghiaccio (all'interno del sacchetto) e conservazione in frigo per il consumo in un secondo momento.

6) In seguito alla conservazione dell'alimento, dopo avere aperto il sacchetto per il sottovuoto, bisognerà "rigenerare" il prodotto; nel caso della carne, facendola saltare in padella o passandola in forno per qualche minuto a temperatura alta.

Quali sono i vantaggi in definitiva della cottura sottovuoto:

1. estensione della conservazione dei prodotti

2. concentrazione dei sapori

3. assenza di ossigeno che non comporta l'ossidazione dei prodotti

4. riduzione fino al 35% sull'utilizzo della quantità dei condimenti e materie grasse

5. riduzione dei consumi energetici

Di seguito riporto delle ricette per slow-cooker, sottolineo però che non occorre un ricettario ad hoc, ma si può benissimo adattare alla logica della cottura lenta le preparazioni che normalmente si creano a casa.

Per adattare una ricetta alla pentola slow cooker bisognerà semplicemente considerare due regole:

1. diminuire liquidi, come prima indicato.

2. considerare per 15 minuti di cottura "normale" circa 2 ore su temperatura "low" o un'ora su "high"

In ogni ricetta è indicato il grado di difficoltà.

Naturalmente, essendo genovese, ho introdotto inoltre le antiche ricette della nostra terra, che con l'utilizzo della slow-cooker acquisiscono quel valore e sapore oramai perso nel tempo.

Le ricette riproducono fedelmente quanto di più caratteristico possegga la nostra tavola ligure.

# Ricette per slow-cooker

## (per la cucina di tutti i giorni ).

## GULASCH DI MANZO

difficoltà bassa

Ingredienti

Per 6 persone

1 kg circa di sottopaletta o reale - 1 cipolla rossa, sedano e 2 carote
- 1 cucchiaio di paprika piccante - alloro sale e pepe q.b. – 300
ml di passata di pomodoro - 1 bicchiere di vino rosso - farina q.b.
– olio e.v.o.

Procedimento

Fare un trito di sedano, carote e cipolle.

Tagliare la carne a dadi ed infarinare leggermente.

Passare con un goccio d'olio in padella.

Mettere 1 cucchiaio di olio e.v.o. nella slow cooker, versare le
verdure, il vino rosso.

Fare cuocere su high per 30 minuti. Aggiungere la passata, il sale e
pepe, girare molto bene e cuocere per 7 ore su low.

## RAGÙ ALLA NAPOLETANA

difficoltà bassa

Ingredienti

per 4 persone

400 g di costine di maiale, ½ cipolla dorata, 800 g di pomodori
   pelati, ½ peperoncino, alloro, 50 ml di vino rosso, olio e.v.o. sale
   e pepe

Procedimento

Pulite le costine, salate e pepate e lasciate marinare per 20 minuti
   circa. Soffriggere in padella con olio, unite la cipolla tagliata a
   mirepoix ed il peperoncino.

Sfumate con il vino rosso e trasferite in slow-cooker, coprire con i
   pomodori pelati. Lasciare cuocere su low per 4 ore. Aprire il
   coperchio ed unire la foglia di alloro. Continuare la cottura per
   altre 2 ore circa.

# SEPPIE IN UMIDO CON ZUCCHINI E ASPARAGI

difficoltà bassa

Ingredienti

per 4 persone

7 etti di seppioline freschissime - 3 zucchini - 1 mazzo di asparagi -
200 g di pomodori pelati a pezzettini - mezzo bicchiere di vino
bianco secco - un quarto di cipolla bianca - una costa di sedano
piccola - olio d'oliva - sale e pepe

Procedimento

In una larga padella antiaderente mettere un cucchiaio di olio e far
rosolare leggermente la cipolla ed il sedano tritati. Aggiungere le
seppioline ben lavate ed asciugate, e a fiamma vivace rosolarle.

A parte mondate e tagliate gli zucchini a rondelle e gli asparagi in 3
o 4 parti a seconda della grandezza. Travasate le seppie nella
Slow-cooker, il pomodoro, il vino, mescolate il tutto e accendere
sulla modalità LOW; mettere il coperchio e cuocere per 2 ore.

Passate le 2 ore aggiungere togliendo e riposizionando il coperchio
velocemente la parte del gambo dell'asparago più lontana dalle
punte.

Lasciare cuocere per 1 ora. Infine aggiungere le punte degli
asparagi e gli zucchini e cuocere per 1 ora e mezza. Quando
pronto regolate di sale. Aggiungere a piacimento un filo d'olio e
qualche foglia di basilico tritato.

## SUGO DI FUNGHI ALLA GENOVESE

difficoltà bassa

Ingredienti

Per 6 persone

Funghi porcini g 500 - 1 cipolla piccola - ½ spicchio d'aglio - 4 pomodori - prezzemolo q.b. - olio e.v.o. q.b. - sale e pepe

Procedimento

Soffriggere in casseruola con poco olio la cipolla tritata e aglio in camicia. Aggiungere i pomodori pelati e privati dei semi.

Togliere lo spicchio d'aglio e aggiungere i funghi ben lavati e tagliati a fettine. Salare. Trasferire tutto nella slow-cooker , mettere il coperchio e fare cuocere su low per 2 ore e ½ .

# ZUPPA DI CECI

difficoltà bassa

<u>Ingredienti</u>

per 4 persone

400 g di ceci, una cipolla, un gambo di sedano, tre pomodori, qualche foglia di bietola, 15gr di funghi, sale q.b.,olio extravergine d'oliva

<u>Procedimento</u>

Lasciare a mollo i ceci per 24ore. Tritare e soffriggere in olio la cipolla, il sedano, le bietole, i pomodori pelati ed i funghi ammollati in acqua tiepida. Sistemare il tutto nella slow- cooker, insieme a ceci ammollati, poca acqua salata e cuocere per 6 ore su temperatura high.

Servire, volendo con gallette del marinaio o crostini

## MOSCARDINI ALL'INFERNO

difficoltà bassa

Ingredienti

per 4 persone

Moscardini 700 etti, 3 cucchiai d'olio e.v.o. , uno spicco d'aglio, rosmarino, un pomodoro, peperoncino.

Procedimento

Pulire e lavare i moscardini. Porli dentro la slow-cooker con l'olio, l'aglio, il rosmarino, il pomodoro pelato e privato dei semi, peperoncino. Chiudere la pentola e cuocere per circa 3 ore.

Servire con goccio di olio e.v.o. e pane abbrustolito.

# PESCE IN TOCCHETTO

difficoltà bassa

Ingredienti

per 4 persone

Pesce (cernie, rana pescatrice, seppie, sgombri) Kg 1, 2 filetti di acciuga, 20 g di pinoli, una cipolla, una carota, stelo di sedano, un pomodoro, ½ bicchiere di vino bianco, olio, sale e pepe

Procedimento

Tritare finemente la cipolla, il sedano, ½ carota con un ciuffo di prezzemolo. Soffriggere in olio, unire il pomodoro pelato, tritato e privato dei semi ed i filetti di acciuga. Pestare i pinoli ed unirli al soffritto. Trasferire tutto nella slow-cooker, aggiungere i pesci interi o a pezzi (a seconda della grandezza), versare il vino bianco. Coprire e lasciare cuocere per circa 3 ore.

## CONIGLIO IN UMIDO

difficoltà bassa

Ingredienti

per 4 persone

Un coniglio, alloro, rosmarino, salvia, uno spicchio d'aglio, qualche pomodoro, olio, burro, un bicchiere di vino bianco, una manciata di pinoli, noce moscata, sale.

Procedimento

Pulire e tagliare a pezzi il coniglio. Porlo in una casseruola, senza grassi. Cuocere finché la carne avrà emesso acqua. Mettere nella slow-cooker i sapori tritati, un goccio d'olio e l'aglio pestato.

Aggiungere il coniglio, aggiungere i pomodori pelati e privati dei semi. Versare il bicchiere di vino ed infine i pinoli. Fare cuocere su low per circa 4 ore.

**ASTICE AL SUGO BISQUE'**

difficoltà bassa

Ingredienti

per 4 persone

Astice, 1 scalogno, burro qb, sale, peperoncino, brandy , 10 gr. farina di fecola, 3 pomodori pelati, brodo di pesce, ½ arancio

Procedimento

Cuocere in slow-cooker l'astice per 20 minuti, una volta cotto privarlo della polpa.

In un tegame, dopo aver fatto rosolare lo scalogno con il burro, insieme con il carapace dell'astice, dopo alcuni minuti bagnare con il brandy, unire la farina e lasciare restringere un po'.

Mettere tutto in slow-cooker, aggiungere i pelati e lasciare cuocere per 3 ore con aggiunta del brodo di pesce.

Una volta cotto il tutto passarlo con un passaverdura.

In un tegame mettere a rosolare il peperoncino, unire la polpa dell'astice tagliata a julienne.

Fare cuocere per un minuto e aggiungere il sugo passato.

Lascio amalgamare per un altro minuto.

**BRANDACUJUN**

difficoltà bassa

Ingredienti

per 4 persone

1kg di stoccafisso ammollato, ½ kg di patate, 1 spicchio d'aglio, alcuni rametti di prezzemolo, sale, pepe bianco , olio e.v.o. riviera ponente.

Procedimento

Tagliate a pezzi lo stoccafisso, adagiarlo in una pentola bassa piena di acqua fredda salata e posizionare sul fuoco; quando l'acqua raggiunge l'ebollizione abbassate la fiamma ed unitevi le patate pelate e tagliate in due. Lasciare cuocere per 15 minuti. Trasferire il tutto nella slow-cooker.

Cuocete per circa 2 ore. Scolate il tutto e lasciate intiepidire per poter schiacciare le patate e ripulire lo stoccafisso di pelle e lische, sminuzzandolo via via con le dita. Rimettete patate e stoccafisso nella slow-cooker, condite con sale e poco pepe bianco, unite il trito di foglie di prezzemolo e spicchi d'aglio ed abbondante olio extravergine d'oliva. Rimettete il coperchio alla pentola di cottura e cocete fino ad ottenere un composto omogeneo nel quale si possano tuttavia individuare le patate e lo stoccafisso. Servite caldo, ma non bollente, completando con una macinata di pepe ed un bel filo d'olio extravergine d'oliva.

## BRANDADE

difficoltà bassa

Ingredienti

per 4 persone

700 g di baccalà dissalato, 700 cl di latte fresco, 1 spicchio di aglio, 2 patate medie, olio e.v.o. , succo di limone, sale pepe, 10 g di panna fresca

Procedimento

Mettere il baccalà dissalato nella slow-cooker, coprire con il latte, e fare cuocere per circa 1 ora.
Quando il pesce sara' cotto, metterlo in un contenitore, coprirlo con della carta pellicola e metterlo in un luogo tiepido.
Pelare le patate, tagliarle a pezzetti non tanto grosse, metterle in un pentolino e coprirle con il latte con cui abbiamo fatto cuocere il baccalà

A cottura finita, scolare e passarle in un passa-patate.

Mettere il baccalà e le patate in un contenitore abbastanza ampio per potere girare il contenuto , aggiungere l'aglio pestato e con un cucchiaio di legno iniziare a girare cercando di amalgamare gli ingredienti.

Incorporare l' olio poco alla volta girando sempre con il cucchiaio fino ad ottenere una crema.
Aggiustare con pepe e sale, succo di limone e alla fine la panna fresca.

## BAGNUN DI ACCIUGHE

difficoltà bassa

Ingredienti

per 4 persone

1Kg g di acciughe (alici) fresche, mezza cipolla, uno spicchio d'aglio, 500 g Polpa di pomodoro, olio e.v.o. , gallette di pane del marinaio, mezzo bicchiere di vino bianco della riviera di levante, sale q.b.

Procedimento

Pulire le acciughe eliminando testa, lisca e metterle da parte.

Tritare le cipolle, versare due o tre cucchiai d'olio in una piccola padella, imbiondire l'aglio in camicia quindi eliminarlo, versarci le cipolle e farle andare fino ad imbiondire. Trasferire tutto nella slow-cooker, aggiungere le acciughe pulite e la polpa di pomodoro e una presa di sale, versare quindi il bicchiere di vino bianco. Cuocere per 1 ora su low. Spezzare le gallette di pane e sistemarle al centro di due piatti, versarci quindi sopra la zuppa di acciughe e pomodoro ancora bella calda.

# DENTICE BRASATO ALLA VERNACCIA

difficoltà bassa

Ingredienti

per 4 persone

1 dentice da 1kg circa, 2 bicchieri di vino vernaccia di San Gimignano,
½ cipolla, 1 carota, gambo sedano, olio e.v.o. , sale e pepe q.b.

Procedimento

Sviscerate e lavate il pesce. Tritate le verdure. Distribuite le verdure
nella slow-cooker e adagiate sopra il dentice (intero o a trance).

Regolate di sale e pepe. Condite con poco olio, versare il vino e acqua
fino a coprire quasi il pesce.

Cuocere su low per circa 45 minuti.

Passare in teglia e cuocere in forno preriscaldato a 180°C (si calcola 15
minuti circa per 500 grammi di pesce).

## UOVO BIO CON CREMA DI ROMANESCO SALSA DI POMODORI SECCHI SU PANE CARASAU

difficoltà bassa

<u>Ingredienti</u>

per 4 persone

n. 4 uova, g 400 di broccolo romanesco, g 40 pomodori secchi q.b.
origano, g 20 olio e.v.o. , g 100 pane carasau, ml 10 Aceto bianco,
Sale e pepe q.b. , 8 capperi dissalati

<u>Procedimento</u>

Cuocere le uova con il guscio in slow-cooker per 25 minuti. Mondare e
lavare il broccolo, bollirlo, raffreddare in acqua e ghiaccio e frullarlo
con l'olio  e.v.o. Mettere a bagno i pomodori secchi in acqua tiepida
per 20 minuti circa, sgocciolarli e frullarli con i capperi, l'aceto e
l'origano. Porre la crema nelle ciotoline e rompere l'uovo che sarà
cremoso. Nappare con la salsa e servire con il pane carasau.

# BACCALÀ ALLA LIVORNESE

difficoltà bassa

Ingredienti

per 4 persone

700 g di baccalà, 500 g di pomodori pelati, prezzemolo, 1 spicchio d'aglio, farina, olio e.v.o. , sale e pepe

Procedimento

Tagliare il baccalà, ammollato e dissalato, a pezzi. Asciugare ed infarinare leggermente.

In una padella adagiare il baccalà in poco olio caldo fino a dorare entrambi i lati.

Trasferire in slow-cooker, aggiungere i pomodori pelati, salare e pepare e cuocere per 50 minuti su low. Poco prima di togliere il baccalà, cospargere con trito di prezzemolo e aglio.

Continuare la cottura per altri 10 minuti.

## STRACOTTO

difficoltà bassa/media

Ingredienti

per 4 persone

600 etti scamone, 30 g burro, olio e.v.o. , ½ litro di barbera , ½ litro di brodo di carne, 2 carote, 1 gambo sedano, salsa di pomodoro, 1 cipolla, maggiorana, rosmarino, alloro, sale e pepe, noce moscata e cannella.

Procedimento

Legate la carne con spago da cucina.

In una padella antiaderente scaldate il burro e olio e rosolate bene lo scamone.

Trasferire in slow-cooker; aggiungere il vino il brodo, le verdure a mirepoix, poca salsa di pomodoro, salare e pepare.

Versare il brodo; aggiungere noce moscata e cannella e cuocere per 7 ore su low.

Terminata la cottura, togliere la carne, passare le verdure al setaccio tenendo il sugo.

Fare ridurre il sugo e versare sulla carne dopo averla affettata.

# BRASATO AL BAROLO

difficoltà bassa/media

Ingredienti

per 6 persone

1 Kg di sottopaletta o reale di manzo, 2 bottiglie di barolo (oppure 1 di
nebbiolo per la marinatura e 1 di barolo per la brasatura), 2 cipolle,2
carote, ½ sedano, 1 chiodio di garofano, 1 pezzetto di cannella,
qualche bacca di ginepro, qualche grano di pepe, mazzetto
aromatico (alloro, salvia, timo, rosmarino), olio e.v.o. , burro, sale
fino q.b.

Procedimento

In una boule mettere la carne e coprirla con 1 litro di vino nebbiolo (o 1
barolo).Inserire 1 chiodo di garofano, 1 bacca ginepro, cannella, 1
carota, sedano, 1 cipolla. Lasciare marinare in frigo per almeno 12
ore. Dopo la marinatura, tenere da parte la metà del liquido e
filtrarlo.
Buttare via le verdure.

Inserire la carne asciugata nella slow cooker, insieme alle verdure
rimaste. Aggiungere le erbe aromatiche, i chiodi di garofano, la
cannella, le bacche di ginepro, i grani di pepe, un pizzico di sale.

In ultimo innaffiare il tutto con il vino barolo ed il liquido di marinatura. Fare cuocere per 6 ore.

Togliere le verdure, frullarle e mettere il sugo ottenuto nuovamente nella slow-cooker, continuando la cottura del brasato ancora per 1 ora e mezza. Servire il brasato molto caldo, accompagnandolo con verdure come patate lesse o purea di patate, cipolline stufate, o con polenta.

# CASSOULET (FRANCIA)

difficoltà bassa/media

Ingredienti

per 4 persone

250 g di cosce di pollo disossate e pelate, 200 g di carne di agnello disossata, 200 g di carne di maiale, 50 g burro, 1 cipolla, 1 stelo di sedano, farina q.b. , 250 g pelati a pezzetti, 1 tazza di vino bianco, timo fresco, alloro, 1 chiodo di garofano, pepe macinato, 200 g fagioli cannellini in scatola o freschi, 50 g salame a pezzetti.

Procedimento

Eliminate dalla carne il grasso in eccesso e tagliarla tutta a cubetti di 2cm circa. In una larga padella rosolate un tipo di carne alla volta con burro (o lardo). Volta per volta tenere la carne rosolata da parte. Nella stessa padella rosolate le verdure tagliate anch'esse a quadratini.

Trasferite tutto nella slow-cooker, aggiungere poca farina, i pelati ed il vino. Aggiungere il timo, l'alloro, il chiodo di garofano e pepe.

Lasciate cuocere per 3 ore. Infine incorporate il salame e continuate la cottura per un'altra ora.

## NAVARIN DI AGNELLO (FRANCIA)

difficoltà bassa/media

Ingredienti

per 4 persone

800 g cosciotto di agnello a pezzi, olio e.v.o. , poco burro, 1 cipolla affettata, 1 carota a pezzi, 1 stelo sedano a pezzi, 250 g pelati a pezzetti, poca farina, 200 ml di brodo di pollo, poco prezzemolo tritato, 2 foglie di menta fresca, timo, pepe, un goccio di senape di digione.

Procedimento

Scottare la carne in padella con olio e poco burro. Togliere e scottare nella stessa padella le verdure. Trasferire tutto nella slow-cooker, aggiungere poca farina, i pelati ed il brodo di pollo. Aggiungere il timo, la menta e pepe. Lasciare cuocere per 4 ore. Infine incorporare la senape.

# MAIALE AL CURRY PICCANTE (INDIA)

difficoltà bassa/media

Ingredienti

per 4 persone

700 g di spalla o di coscia di maiale, 2 peperoncino, 1 cucchiaio di semi
di coriandolo, poco cumino, pepe nero, senape, 1 chiodo di
garofano, ½ bastoncino di cannella, ½ cucchiai di concentrato di
tamarindo, 2 cipolla, 50 g di burro, poco cardamomo, 1 cucchiaio di
zenzero, 1 foglia di alloro, ½ tazza yogurt

Procedimento

Tagliate la carne in cubetti di 3 cm circa. Tostate in padella i
peperoncini, il coriandolo, il cumino, pepe, semi di senape. Macinate
il tutto con i chiodi di garofano e la cannella fino ad ottenere una
polvere; incorporate il concentrato di tamarindo e la cipolla tritata.
(Pasta Vindaloo).

Unite quest'ultima alla carne e coprite con pellicola trasparente. Fate
marinare per un giorno, rigirando alcune volte.

Soffriggere nel burro le cipolle affettate, aggiungere i l cardamomo, lo
zenzero, alloro e fate cuocere brevemente.

Unite la carne e rosatela. Passate tutto in slow-cooker, incorporare lo
yogurt e coprire di acqua. Cocete per 4 ore su low.

## CAPRA COTTA CON CIPOLLE DI TROPEA CARAMELLATE AL BRANDY

difficoltà bassa/media

Ingredienti

per 4 persone

800 g di carne di capra, 400 g di passata di pomodoro, 1 cipolla bianca, 50 ml di vino rosso, olio e.v.o. , 300 g di cipolle tropea, 10 g di sale, 20 g di zucchero di canna, brandy, pepe

Procedimento

Tritate la cipolla. Rosolare in olio, unire la carne di capra a pezzetti, farla rosolare, regolate di sale e poco pepe. Versare il vino e trasferite in slow-cooker; coprire con il pomodoro.

Lasciate cuocere su low per 4 ore. A parte, in padella antiaderente mettere le cipolle rosse tagliate a fette, aggiungere acqua da coprire, sale e zucchero. Fate ridurre. All'ultimo innaffiare con brandy. Passare al mixer. Servire la carne con la salsa di cipolle. Guarnire con aneto.

# CARRÈ DI MAIALE CON MELE BIRRA ROSSA E NOCCIOLE

difficoltà media

Ingredienti

per 6 persone

1 carrè di maiale, rosmarino, timo, sedano, carota, cipolla rossa, una
   birra rossa da 33 cl, 6 mele, 100 g nocciole, 40 g burro, 60 g
   zucchero, 1 lime , vino bianco, brodo di carne, olio e.v.o. , sale e
   pepe q.b.

Procedimento

Parare il carrè di maiale, legatelo con spago da cucina e riporre in
   pentola slow-cooker con le verdure tagliate a mirepoix e le erbe
   aromatiche.

Bagnate con la birra e cocete per 4 ore.

Trasferire in forno a 190°C per 20 minuti per formare una crosticina
   dorata.

Tagliare le mele a spicchi e cuocere in padella antiaderente con burro,
   zucchero, nocciole, il succo del lime e vino bianco. Fare caramellare.

Preparare la salsa a parte facendo ridurre il sugo della metà con
   aggiunta di brodo di carne.

## ARROSTO DI MAIALE CON CRAUTI E TACCOLE

difficoltà media

Ingredienti

Per 6 persone

Arrosto di maiale da 1 kg - sale e pepe q.b. - 1 cipolla bianca tagliata a
rondelle - 300g di verza - 300 g di taccole - 2 cucchiai di zucchero
di canna grezzo - 100 ml di brodo di verdura - olio e.v.o. q.b.

Procedimento

In una padella, a fuoco vivo, rosolare il maiale in modo da sigillare bene
i succhi interni. Tagliare la verza dopo avere tolto le foglie esterne e
dopo averla mondata. Spuntare le taccole e tagliarle in tre parti.
Mettere la carne nella slow cooker, sopra alle cipolle tagliate a
rondelle, alla verza e alle taccole. Versare il brodo di verdura, coprire
la slow cooker con il coperchio e lasciare cuocere l'arrosto a
temperatura alta per 2 ½ ore, o a temperatura lenta per 4 ore.

# AGNELLO ALL'ARABA

difficoltà media

Ingredienti

Per 4 persone

1kg sella - ¼ litro brodo - 80g olive verdi snocciolate - 80 g mandorle
    sgusciate - 30 g miele - 2 cipolle - busta zafferano in polvere -
    cumino pizzico - coriandolo fresco – olio - sale e pepe q.b.

Procedimento

Disossare la sella d'agnello. Tagliarla a cubi. In una teglia scaldate l'olio
    e appassitevi le cipolle tagliate a fette sottili. Mettere nella stessa
    teglia i pezzi di agnello. Rosolate per 5 minuti. Diluite il miele, lo
    zafferano, il cumino lo zenzero il sale con brodo. Trasferire tutto
    nella slow cooker, coprire e cuocere per 4 ore su low.

In una padella tostate le mandorle senza olio e unite le olive. Dieci
    minuti prima della cottura finale dell'agnello mettere olive e mandorle
    nella slow cooker.

 Servire cospargendo di coriandolo sminuzzato.

## CARPACCIO DI POLPO CON FINOCCHI LIME E GRANA PADANO

difficoltà media

Ingredienti

per 8 persone

Polpo decongelato Kg. 3 - ½ porro - 1 carota - 1 gambo sedano - vino bianco 200 ml - 100 g colla di pesce - olio e.v.o. - finocchi n° 3 - 100g grana padano stagionato (18/24 mesi) -lime 1

Procedimento

Mettere il polpo nella slow cooker con porro, carote e sedano tagliati a dadi. Aggiungere il vino bianco e cuocere in low per circa 8 ore. A cottura ultimata, lasciare intiepidire il polpo, privatelo della pelle rossa senza eliminare le ventose. Metterlo ancora tiepido in una terrina foderata con pellicola trasparente. Collocare, in circa 1 litro di acqua del polpo filtrata, la colla di pesce ammollata. Versarla nella terrina con il polpo.

Chiudete tutto, pressare con un peso il polpo e formate un blocco compatto. Riponete in frigo per circa 10 ore. Toglierlo dallo stampo e tagliarlo a fettine sottili. Con la mandolina tagliare i finocchi sottili. Metterli a bagno per 2 ore in una bacinella con acqua e ghiaccio. Dopodiché asciugate bene.

Disponete il carpaccio di polpo nei piatti con olio, adagiate sopra i finocchi , scaglie di grana e scorzetta di lime. Decorate con aneto.

# CARRÈ DI MAIALE CON I CARDI

difficoltà media

Ingredienti

Per 4 persone

800 g di carrè disossato - 1kg e ½ di cardi - 40 g bi burro - 50g di
   pancetta – olio e.v.o. - 1 bicchiere di vino rosso - 1 cipolla - rametto
   di rosmarino e salvia – 2 chiodo di garofano - 3 pomodori pelati -
   sale e pepe.

Procedimento

Steccate la carne con i chiodi di garofano, sfregate con sale grosso
   mescolato al rosmarino e salvia precedentemente tritati. Legate.
   Tritate mezza cipolla, metterla in una casseruola con metà del burro,
   metà olio e i grani di pepe. Disponetevi sopra la carne e fatela
   rosolare da una parte e dall'altra. Bagnare con il vino rosso e
   lasciate evaporare per metà. Trasferire nella slow cooker. Fare
   cuocere per 3 e ½ ore su low. In una tegame a parte soffriggere nel
   burro e olio avanzati la pancetta ed il resto della cipolla tritata.

Unite i pelati, un mestolo di acqua calda o di brodo di carne e cuocere
   fino a quando il liquido è evaporato. Tagliare i cardi a pezzi,
   scartando la parte meno tenera, lavateli e lessateli un po' al dente.
   Aggiungere nell'ultima ora di cottura i cardi ed il liquido con la
   pancetta nella slow cooker.

## LOMBO TONNATO

difficoltà media

Ingredienti

Per 4 persone

800 g. di lombo - 2 carote - 1 costa di sedano - 1 cipolla - 1 bicchiere di
vino bianco secco - olio, sale e pepe in grani, 3 tuorli sodi - 3
cucchiaini di senape francese - 1 cucchiaio di aceto bianco - 3
acciughe - 200 g di tonno - 2 cucchiai di capperi - 1 bicchiere d'olio
sale e limone

Procedimento

Legare la carne con spago e adagiatela nella slow cooker. Versatevi
sopra il vino e coprire per ¾ con acqua. Aggiungere le carote
tagliate a bastoncini la costa di sedano a pezzetti, la cipolla intera,
un pizzico di sale, un cucchiaio di pepe in grani e uno d'olio.

Cuocere in temperatura low per 3 ore. Lasciare raffreddare la carne nel
suo liquido, sgocciolatela e lasciatela in frigo con un peso sopra.
Preparare la salsa: sbriciolate i tuorli d'uovo e amalgamate la
senape , tre pizzichi di sale ed un cucchiaio di aceto. Ottenuta una
crema omogenea cominciate a versare l'olio a filo. Alla fine
insaporite salsa con i capperi lavati, strizzati e tritati ed il tonno
sminuzzato. Aggiungere le verdure di cottura passate al frullatore.

# SUGO DI CARNE (TOCCO)

difficoltà media

Ingredienti

Per 6 persone

Coscia di vitellone o sottopaletta g 800 - 1 cipolla - 1 gambo di sedano - rosmarino un rametto - alloro 2 foglie - burro g 100 - olio q.b. - midollo di bue g 50 - funghi secchi g 25 - 1 tubetto pomodoro concentrato - 1 bicchiere vino rosso - brodo di carne – sale

Procedimento

Rosolare in padella (ad alta conduzione di calore - rame o alluminio) con poco olio e midollo, la cipolla a quarti, il sedano, il rosmarino e l'alloro

Unire la carne e sigillare bene tutti i lati.

Sciogliere nel vino il tubetto di pomodoro concentrato.

Aggiungere i funghi ammollati in poca acqua tiepida.

Trasferire tutto nella slow-cooker, aggiungere quasi a coprire la carne, il brodo caldo. Cuocere su low per almeno 6 ore.

Quando pronto passare a setaccio il sugo, legarlo se serve con un goccio di farina abbrustolita con burro (roux) e condire con ravioli o taglierini all'uovo.

## MINESTRONE ALLA GENOVESE

difficoltà media

Ingredienti

Per 4 persone

Fagioli g 200 - Fagiolini g 100 - 2 patate - 2 carote - Piselli g 150 - Fave
g 150 - qualche foglia di cavolo - qualche foglia di bietola - 1 cipolla -
1 gambo di sedano - 2 pomodori - 2 zucchini - olio e.v.o. q.b. - 1
cucchiaio di pesto  - Funghi g 20 - Pasta (scucusun o bricchetti)

Procedimento

Mettere nella slow-cooker 1,5 litro e mezzo di acqua . Mettere su high.
Quando calda,  salarla e unire i fagioli sgranati, i pomodori pelati e
strizzati, una patata intera e tutte le altre verdure tagliate a pezzi.
Aggiungere l'olio e lasciare cuocere per 6 ore. Togliere la patata,
schiacciarla per rendere il brodo più denso, gettare la pasta e
cuocere per un'altra ora. A cottura ultimata aggiungere il pesto.

# FILETTO DI MAIALE CON FONDUTA AL CASTELMAGNO TARTUFO NERO E NOCCIOLE (con o senza sottovuoto)

difficoltà media

Ingredienti

per 4 persone

400 g di filetto di maiale, 50 g di lardo di colonnata, 20 g di crema tartufo nero, pepe, maggiorana, rosmarino, salvia, 150 g panna, 150 g castelmagno, 10 g di farina di fecola, brodo di carne, burro, olio e.v.o.

Procedimento

Mettere in un pentolino il brodo di carne, aggiungere la farina, il castelmagno e la panna.

Parare il filetto, aromatizzarlo con i sapori e scottarlo molto velocemente in padella con un goccio di burro.

Raffreddare ed inserirlo all'interno di un sacchetto da sottovuoto legando con lardo di colonnata..

Cuocere nella slow-cooker per circa 1ora e 40minuti. Terminata la cottura levarlo dal sottovuoto, asciugare con carta assorbente, passarlo prima nella crema al tartufo poi nella granella di nocciole. Scottare molto velocemente in padella.Servire con fonduta di castelmagno eventualmente passata al setaccio.

## RIBOLLITA

difficoltà media

Ingredienti

per 4 persone

300 g di fagioli bianchi secchi, ½ cavolo nero, ½ cavolo cappuccio, 200 g di spinaci, 250 g di pomodori maturi, 400 g di pane casereccio raffermo, un osso di prosciutto oppure cotenne di maiale tagliate a coste, 1 patata, 1 cucchiaio abbondante di concentrato di pomodoro, 4 foglioline di salvia, una manciata di prezzemolo, 1 costa di sedano, 1 carota, ½ grossa cipolla, 2 spicchi d'aglio, timo, pecorino grattugiato, 2 l di brodo, 150 g di olio extravergine d'oliva, sale e pepe

Procedimento

Mettere a bagno i fagioli per circa 8 ore.

Metterne la metà nella slow-cooker con 1 litro e mezzo di acqua. Impostare su high e cuocere per 2 ore. Cuocere a parte in altra pentola l'altra metà dei fagioli fino a cottura.

In altra padella fate rosolare la cipolla tagliata a fettine nell'olio di oliva, aggiungete tutte le altre verdure tagliate grossolanamente ed i sapori e fate appassire piano per circa 10 minuti.

Trasferire nella slow-cooker tutte le verdure, aggiungendo i fagioli da parte dopo averli passati al setaccio.

Regolate sale e pepe e fate cuocere sul low per circa 5 ore. A questo punto aggiungete il pane tagliato a fettine, mescolate bene e fate andare su low per altri 30 minuti.

Lasciate riposare e servite in piatti di coccio con un filo d'olio extra vergine d'oliva.

## BUFALO CON SALSA AGLI AGRUMI E DATTERI

difficoltà media

Ingredienti

per 4 persone

700 g di carne di bufalo in un pezzo unico (costata o scamone), 40 g di lardo colonnata, 2 steli di sedano tritato, 2 carote tritate, 1 cipolla tropea tritata, brodo vegetale, succo di 1/2 arancia, succo di 1/2 limone, 5 g di zucchero di canna, 10 datteri freschi, 150 g di broccoli romani, sale e pepe q.b. , olio e.v.o.

Procedimento

Cocete in slow cooker la carne di bufalo per 5 ore su low. Nel frattempo fate rosolare le verdure nell'olio e lardo a pezzetti, bagnate con il brodo.Lasciate riposare qualche minuto, poi frullate il composto ottenuto e se necessario passare al chinois. A parte in una casseruola fate ridurre il succo degli agrumi con lo zucchero. Snocciolate i datteri e riduceteli a julienne.Dopo averli sbianchiti, saltate i broccoletti in padella con olio, aglio e peperoncino.

Versate nelle fondine individuali la salsa di verdure e lardo e adagiatevi la carne di bufalo tagliata a fette; unite i broccoletti e i datteri, nappare con la salsa agli agrumi, completate con un filo d'olio e servite.

## ZUPPA DI TRIPPA

difficoltà media

Ingredienti

per 4 persone

4 crostoni di pane, 2 etti di trippa precotta, 100 ml di sugo di pomodoro, una manciata di parmigiano reggiano, brodo di verdura o carne, 2 patate lesse (cotte con buccia e poi pelate e tagliate a fettine).

Procedimento

Porre in una fondina i crostoni di pane. Inzuppare nel brodo e cospargere di formaggio. Porre la trippa nella slow-cooker con il pomodoro e le patate e cuocere su low per 2 ore.

Versare nella fondina.

## ZUPPA DI PESCE DELLA RIVIERA DI LEVANTE

difficoltà media

Ingredienti

per 4 persone

Pesce 1Kg ( cappone, dentice, sarago, pesce prete, o altri), una cipolla piccola, un gambo sedano, un mazzetto piccolo di prezzemolo, una carota, 2 pomodori, un bicchiere di vino bianco, olio e.v.o. , sale, pepe, pane abbrustolito.

Procedimento

Tritare finemente i sapori, soffriggere nell'olio, versare il vino e lasciare evaporare, aggiungere i pomodori pelati e privati dei semi; rosolare ancora per qualche minuto. Versare il tutto nella slow-cooker, coprire con ¾ di litro di acqua.

Lasciare cuocere per 30 minuti; aggiungere il pesce pulito e lavato, dando precedenza a quello con la carne più soda. Fare cuocere per 3 ore. Passare il tutto al setaccio e rimettere il composto nella pentola. Fare cuocere per un'altra ora. Versare sulle fette di pane abbrustolito o fritto.

## STOCCAFISSO IN UMIDO

difficoltà media

Ingredienti

per 4 persone

Stoccafisso bagnato g 600, 20 g di funghi secchi, due pomodori maturi, ½ carota, prezzemolo, stelo di sedano, ½ cipolla, 2 patate, olive gr 40, pinoli gr. 20, olio e.v.o., sale e pepe.

Procedimento

Rosolare nell'olio i funghi precedentemente ammollati insieme alla carota, il sedano, la cipolla ed il prezzemolo tritati. Aggiungere lo stoccafisso diliscato lavato e tagliato a quadrati.

Trasferire il tutto nella slow-cooker, unire i pomodori pelati e privati dei semi. Coprire salare e pepare e lasciare cuocere per 3 ore. Successivamente pelare le patate, tagliarle, aggiungerle nuovamente nella pentola insieme a i pinoli e le olive. Continuare la cottura per 30 minuti.

## TRIPPA ALLA GENOVESE

difficoltà media

Ingredienti

per 4 persone

Trippa 1Kg, grasso di vitello g 20, funghi secchi g 25, sugo di carne, vino bianco, olio e.v.o., una carota, una cipolla, stelo di sedano, foglia di alloro, prezzemolo, parmigiano, pinoli, sale e pepe

Procedimento

Rosolare nell'olio e grasso la carota, il sedano, la cipolla ed il prezzemolo tritati. Aggiungere i funghi ammollati in acqua tiepida, la foglia di alloro, la trippa tagliata a strisce ed i pinoli pestati. Insaporire il tutto e versare il sugo di carne. Trasferire tutto nella slow-cooker, coprire e cuocere per 4 ore.

# STUFATO DI CASTRATO

difficoltà media

Ingredienti

per 4 persone

Castrato g 800, patate g 300, rosmarino, un bicchiere di vino bianco, sale, pomodori g 400, olio, sedano, prezzemolo.

Procedimento

Cuocere in una casseruola i pomodori privati dei semi, il sedano, il prezzemolo, un ramoscello di rosmarino, un goccio d'olio. Dopo circa mezz'ora passare al setaccio.

In una padella capiente porre un goccio d'olio, qualche foglia di rosmarino pestato al mortaio. Aggiungere la carne a pezzi e fare rosolare. Versare il vino bianco e trasferire tutto nella slow-cooker. Unire le patate pelate e tagliate a pezzi. Cuocere per 6 ore su low.

## CALAMARI FARCITI DI BACCALÀ MANTECATO PANE CARASAU E CHIOGGIA ROSSA STUFATA

difficoltà media/alta

Ingredienti

per 6 persone

Calamari puliti Kg 1,2 - Baccalà 400 grammi - 1 spicchio aglio - latte 40 ml - panna fresca 30 ml - patate g 400 - 1 cipolla bianca - 1 scalogno - vino bianco - olio e.v.o qb - pane carasau g 400 - 4 cespi chioggia rossa acqua q.b. - sale q.b.

Procedimento

Tagliare a fette il baccalà. In una casseruola., soffriggere in poco olio e.v.o. aglio in camicia, scalogno e cipolla tritati; unire il baccalà. Bagnare con il vivo bianco, fate evaporare, incorporare panna e latte e portare ad ebollizione. Unire le patate tagliate. Inserire tutto nella slow cooker e cuocere per 4 ore su low.

Fare intiepidire il composto, frullare e trasferire in sac à poche.

Farcire i calamari, fissarli con spago da cucina o stuzzicadenti. Spadellare a fuoco vivo per meno di 3 minuti.

A parte in una padella antiaderente, cuocere la chioggia tagliata a strisce nell'olio, correggere di sale .

Per il piatto mettere al centro la chioggia , i calamari farciti e adagiarvi il pane carasau.

Condire con olio e aceto balsamico.

# ARROSTO DI FARAONA CON CARDI, RASCHERA E TARTUFO NERO.

difficoltà media/alta

Ingredienti

per 4 persone

1 faraona, 2 cespi di cardi, formaggio raschera d'alpeggio g 200, 1 gambo di sedano, 1 cipolla rossa, olio e.v.o. 20 ml, 1 tartufo nero, 50 g farina di fecola, trito di erbe aromatiche, sale e pepe q.b. , fondo bruno 25 ml, vino bianco ½ bicchiere, 5 g di pasta tartufo nero o bianco.

Procedimento

Pulire i cardi e lessarli per 25 minuti in acqua con goccio di aceto bianco e 1 cucchiaio di farina.

Pulire la faraona, disporla su carta da forno e farcite con i cardi, il raschera tagliato a dadi e il trito di erbe aromatiche. Chiudere la faraona con spago da cucina.

Adagiare sul fondo della slow-cooker il mirepoix di verdure, aggiungere il rotolo di faraona e bagnare con il vino bianco.

Cuocere per 4 ore. Passare il rotolo della faraona in forno per 5 minuti a 200°C.

In un pentolino tirare il fondo bruno con il brodo della faraona.

Passate al colino cinese e unite la pasta al tartufo.

Servire il rollè tagliato a fette con la salsa tartufata e guarnire con
lamelle di tartufo nero.

# Ricette per sottovuoto unita alla slow cooker
## (Per un'esperienza culinaria più complessa)

## VITELLO TONNATO AL CAFFÈ

difficoltà bassa

Ingredienti

per 4 persone

800 grammi magatello di vitello, salsa maionese 250 ml., g 8 caffè
   macinato, g 20 capperi sotto sale, g 400 tonno sott'olio già
   sgocciolato, 4 filetti d'acciuga sott'olio già sgocciolato, sale e pepe.

Procedimento

Inserire il magatello in un sacchetto per sottovuoto e condizionare.
   Cuocere in slow-cooker per 5 ore, raffreddare. Dissalare i capperi e
   frullarli insieme al tonno e alle acciughe. Aggiungere questo
   composto alla maionese, profumare con la polvere di caffè.

# BRANZINO SOTTOVUOTO ALL'ACQUA PAZZA

difficoltà bassa

Ingredienti

per 4 persone

4 branzini, sale, 4 pomodorini pachino, 1 cipolla rossa, prezzemolo, stelo di sedano, olive taggiasche, pinoli.

Procedimento

Mettere sottovuoto i branzini (dopo averli puliti) in 4 sacchetti con sale, pomodorini tagliati in quarti, cipolla rossa a fette con mandolina, prezzemolo, sedano.

Mettete a cuocere in slow-cooker per 40 minuti.

Levare il pesce dal sacchetto, condire con olio e.v.o. tenendo il liquido.

In padella tostare i pinoli senza aggiunta di grassi, aggiungere le olive ed il brodo di cottura del pesce.

Fare ridurre e versare sul branzino.

## STINCO DI MAIALE E CIPOLLA TROPEA

difficoltà bassa

<u>Ingredienti</u>

per 4 persone

4 stinchi di maiale, rosmarino, salvia, alloro, olio e.v.o. , sale e pepe, lardo battuto, burro, 400 g cipolle tropea, 40 ml di aceto di vino bianco, 10 g di miele di acacia.

<u>Procedimento</u>

Preparare la composta di cipolle di tropea in una piccola casseruola, stufando le cipolle con miele e aceto per circa 30 minuti.

Disossare gli stinchi, aromattizare con i sapori, avvolgere nella rete di maiale e legare con spago da cucina.

Rosolare in padella con burro e abbattere di temperatura.

Mettere i 4 stinchi all'interno di 4 sacchetti per sottovuoto (oppure in 2). Mettere nella slow-cooker con acqua e cuocere per 14 ore.

Servire lo stinco tagliato a medaglioni con la composta di cipolla.

# CAPESANTE , TACCOLE CIPOLLA TROPEA E LIME

difficoltà bassa

Ingredienti

per 4 persone

300 g di capesante, pepe, olio e.v.o. , timo, 250 g di taccole, 20 g
cipolla rossa tropea, scorza di lime , brodo vegetale, 30 g pomodori
concassèe, aneto per decorare.

Procedimento

Pulire le capesante, marinare con pepe , timo, lime e olio e.v.o.

Scottare in padella per 1 minuto per lato. Mettere in sacchetto per
sottovuoto e cuocere in slow-cooker per 15 minuti su low.

Rosolare in olio la cipolla rossa tagliata con mandolina, aggiungere le
taccole spuntate e sbianchite in acqua bollente, bagnare con brodo
vegetale e cuocere per circa 10 minuti.

Servire le cappesante con letto di taccole e cipolle e decorare con
pomodoro concassèe marinato e poco aneto.

## LINGUA DI VITELLONE

difficoltà bassa

<u>Ingredienti</u>

per 4 persone

1 lingua di vitellone (ma anche di manzo), 1 costa di sedano, 1 carota, 2 scalogni, 2 bacche di ginepro, 4 grani di pepe nero, olio e.v.o..

<u>Procedimento</u>

Lavare la lingua sotto acqua corrente. Ridurre le verdure a mirepoix. Introdurre la lingua nel sacchetto del sottovuoto con tutti gli ingredienti, compreso un filo di olio. Immergete nella slow-cooker e cuocere per circa 10 ore.

Trascorso questo tempo, lasciar il sacchetto dentro la pentola fino a completo raffreddamento dell'acqua. Aprire il sacchetto e privare la lingua della pelle. Condire con olio o salsa verde.

## INSALATA DI SEPPIE SU ORTAGGI CROCCANTI

difficoltà bassa

Ingredienti

per 4 persone

2 Seppie fresche, 2 zucchine,1 carota, olio e.v.o., senape, 1 lime, sale e pepe, ½ sedano rapa, ½ dikon

Procedimento

Pulite le seppie. Inserirle in sacchetto per sottovuoto e mettete in slow-cooker. Cuocere per circa 30 minuti.

Abbattete di temperatura.

Tagliare con mandolina il dikon, le zucchine ed il sedano rapa.

Emulsionate il succo del lime (tenere da parte il lime), l'olio e mezzo cucchiaino di senape, aggiustando di sale e pepe. Tagliate le seppie a julienne e condite il tutto, aggiungendo una grattata della buccia del lime.

## POLLO ALLA DIAVOLA ALLA BIRRA ROSSA

difficoltà bassa

Ingredienti

per 4 persone

1 kg. di pollastro giovane, olio e.v.o. , peperoncino fresco, sale, pepe, rosmarino, salvia, timo.

Procedimento

Tagliate e scartate le zampe e il collo del pollo, togliete le piume residue. Lavate e asciugate.

Tagliarlo lungo il petto, Apritelo e massaggiatelo con sale, poco olio nel quale avrete aggiunto del peperoncino tritato fresco.

Tritate i sapori e coprite. Inserire in sacchetto per sottovuoto e mettere in slow-cooker. Cuocere per 3 ore e ½ circa su low. Togliere dal sacchetto e trasferire in pirofila con 1 bicchiere di birra rossa e cuocere in forno a 240 °C per 30 minuti, fino a che la pelle diventi croccante.

# MOZZARELLA RIPIENA DI TONNO SU CREMA DI POMODORI

difficoltà bassa

Ingredienti

per 4 persone

4 mozzarelle di bufala, 100 g olive verdi denocciolate e tagliate a pezzi, erba cipollina, 2 tranci di tonno fresco, olio e.v.o. , 8 pomodori pachino, pepe e sale q.b., 5/6 capperi.

Procedimento

Fare un taglio a croce sui pomodori, sbollentare in acqua per pochi minuti, abbattere di temperatura. Pelare i pomodori e passare al passaverdura. Condire con sale e pepe e conservare a parte.

Introdurre i tranci di tonno in un sacchetto per il sottovuoto dopo averli spennellati con olio e sale. Mettere in slow-cooker e cuocere per 30 minuti. Estrarre dai sacchetti e tagliare a cubetti.

In un recipiente mettere i dadi di tonno, condire con olio, olive.

Aprire la mozzarella delicatamente con le mani appiattirla il più possibile, adagiare il ripieno, chiudere, stringendo bene formando una palla .

HAPPY SLOW COOKING


## INSALATA DI POLLO CON VALERIANA PISTACCHI E INFUSIONE DI FRAGOLE ALL'ACETO BALSAMICO


difficoltà bassa/media


Ingredienti


per 4 persone


1Kg. di petti pollo interi (meglio con la pelle), 100 g di valeriana, 40 g di pistacchi, 20 ml olio alla vaniglia, 450 g fragole, 40 g zucchero, 20 ml aceto balsamico, 30 ml olio extra vergine d'oliva


Procedimento


Mondare e lavare la valeriana.

Tostare in padella i pistacchi. Mondare e lavare le fragole, mettere sottovuoto con lo zucchero e l'aceto balsamico. Mettere il pollo sottovuoto con l'olio alla vaniglia e sale. Mettere in slow-cooker e cuocere per circa 3 ore.

Rosolare in padella a fuoco vivacissimo con poco olio il pollo, scaloppare e servire con la valeriana, l'infusione di fragole ed i pistacchi tostati.

## SCALOPPA DI SALMONE CARAMELLATO, CON MELAGRANA ED INDIVIA BELGA

difficoltà bassa/media

Ingredienti

per 4 persone

g 400 filetto di salmone fresco, 2 arance non trattate, g 300 di indivia belga, g 10 Semi di cumino, ml 30 Aceto bianco, g 30 olio e.v.o. , 1 Melagrana, sale e pepe, zucchero q.b.

Procedimento

Affettare finemente con mandolina l'indivia belga, lavare e farla marinare per almeno 3 ore con sale, zucchero, olio, aceto e cumino. Sgranare la melagrana. Spellare e tagliare a scaloppe il salmone. Sciogliere il sale fino in acqua fredda e lasciare il salmone a bagno per 10 minuti. Risciacquare, asciugare. Grattugiare la scorza delle arance, porla sul salmone ed inserire in sacchetti sottovuoto.

Cuocere il salmone in slow-cooker per 20 minuti. Togliere il salmone dal sacchetto e caramellare con l'ausilio di uno chalumeur. Servire ponendo sul piatto prima l'indivia marinati poi il salmone caramellato e infine la melagrana.

## REALE MAIALE CON PERE E UVA

difficoltà bassa/media

Ingredienti

per 4 persone

500 g reale, 200 g pere, 100 g acini uva, ½ gambo sedano, ¼ cipolla, olio e.v.o. , sale e pepe

Procedimento

Salare e pepare il maiale; mettere in sacchetto sottovuoto e lasciare marinare per 1 ora.

Sbucciare le pere e metterle intere nella slow-cooker con cipolla e sedano tagliati con mandolina.

Cuocere per 1 ora. Aggiungere olio e.v.o. ed il maiale tolto dal sacchetto.

Cuocere per 1 ora e ½ . Aggiungere infine gli acini e continuare la cottura per 30 minuti.

# COSCIOTTO DI POLLO CON INDIVIA CARAMELLATA E RIDUZIONE DI ACETO BALSAMICO

difficoltà media

<u>Ingredienti</u>

per 4 persone

4 cosciotti di pollo , 4 cespi di indivia belga, scorza di arancia, 1 stecca cannella, alloro, alcune bacche di ginepro, olio e.v.o. , sale e pepe q.b., aceto balsamico 400 ml, 120 g zucchero

<u>Procedimento</u>

Fate ridurre l'aceto balsamico con 80 g di zucchero fino a ridurlo della metà.

In una padella antiaderente, scottare i cosciotti quindi salare e pepare.

Mettere i cosciotti sottovuoto aggiungendo poco olio, cannella, ginepro, erbe aromatiche e scorza arancio.

Cuocere in slow-cooker per 6 ore su low.

Lavare i cespi di indivia, tagliarli a fette e stufate in padella con il restante zucchero, olio sale e poca acqua.

Levare i cosciotti dal sottovuoto; eliminate la marinatura.

Passare i cosciotti nuovamente in padella fino a dorare.

## UOVA BIO, GUANCIALE DI MAIALE, CACIO E ASPARAGI.

difficoltà media

Ingredienti

per 4 persone

4 uova, 80 g di guanciale, pepe q.b., 250 g di asparagi, 100 g di
brunoise bianca, 10 g Brodo vegetale, farina fecola di patate 10 g,
cialde di cacio, olio e.v.o. , dragoncello

Procedimento

Cuocere le uova nella slow-cooker per 40 minuti circa.

Tagliare il guanciale a julienne e passarlo in padella antiaderente senza
aggiunta di grassi.

Lavare gli asparagi, tenere le punte. Sbollentare i gambi dopo averli
spellati. Raffreddare in acqua e ghiaccio. Rosolare in padella la
brunoise di verdure bianche, aggiungere i gambi di sedano, bagnare
con il brodo e portare a cottura.

Frullare il tutto con mixer ad immersione; addensare con fecola.
Aggiustare sale e pepe.

Fare le cialde di cacio in padella antiaderente.

Servire le uova senza guscio sulla vellutata di asparagi. Aggiungere il guanciale, la cialda. Le punte di asparagi fatte saltare in padella con poco burro. Guarnire con cimette di dragoncello.

## SALMONE SU SALSA DI ASPARAGI E PATATE VIOLA

difficoltà media

Ingredienti

per 4 persone

4 tranci di salmone, 1 spicchio d' aglio, Olio e.v.o. , 150 g di asparagi, coriandolo, noce moscata , 300 etti patate viola, noce di burro.

Procedimento

Marinare i tranci di salmone in sacchetti per sottovuoto con lo spicchio d' aglio, un filo d' olio e coriandolo tritato per 1 ora circa – disporre in frigo -. Mettere i sacchetti in slow cooker con acqua sufficiente a coprire e cuocere per 30 minuti circa. Togliere dai sacchetti e rosolare il salmone per 1 minuto.

Pulire e spellare gli asparagi, tenere le punte. Cuocere gli asparagi in acqua bollente mentre le punte saltarle in padella con una noce di burro. Salare leggermente. Passare al frullatore gli asparagi, dopodiché passare al colino cinese. A parte cuocere le patate viola intere con la buccia. Una volta cotte, spellare, fare a dadini e saltare in poco olio e noce moscata. Servire con letto di crema di asparagi, punte a decorare, trancio di salmone e dadi di patate viola.

# BRASATO DI SOTTOPALETTA, PATATE VIOLA INDIVIA BELGA E CHIPS DI ZUCCA

difficoltà media

Ingredienti

per 4 persone

800 g di sottopaletta (cappello del prete), mirepoix di verdure miste circa 100 g , maggiorana, brodo di carne, ½ l di vino rosso, 200 g patate viola, 150 g di zucca mantovana, e.v.o. q.b. , 150 g indivia belga, sale e pepe, olio di arachidi.

Procedimento

Rosolare nell'olio il mirepoix di verdura con la maggiorana. In una padella a parte sigillare bene la sottopaletta con un goccio di olio.

Aggiungere il vino ed il brodo fare evaporare. Cuocere per 10 minuti.

Abbattere. Mettere in sottovuoto e cuocere nella slow-cooker per circa 7 ore su low. Pelare le patate, tagliare con mandolina e condire con olio e maggiorana. Mettere sottovuoto e cuocere per 2 ore. Sbianchire l'indivia belga, saltarla in padella con olio sale e pepe.

Pulire la zucca, tagliare a fettine con mandolina e soffriggere in olio di arachidi fino a doratura.

Servire alternando strati di patate viola con zucca e la carne tagliata e servita con il suo sugo.

## LINGUA DI VITELLO CON PURÈ DI FAVE SALSA VERDE E PRIMO SALE.

difficoltà media

Ingredienti

per 4 persone

2 lingue di vitello, 400 g fave fresche, aglio, alloro, 1 bicchiere vino rosso, prezzemolo 1 mazzetto, pane raffermo g 70 , 40 g formaggio primo sale o sardo fresco, 2 acciughe, 10 g capperi, aceto, olio e.v.o.

Procedimento

Mettere le lingue in 2 sacchetti per sottovuoto e cuocere in slow-cooker per 10 ore circa.

Preparare la salsa verde frullando gli ingredienti ed aggiungendo il formaggio primo sale.

Cuocere le fave in acqua salata per 8 minuti circa ed abbattere di temperatura.

Private della buccia esterna e frullare emulsionando con olio e poco brodo vegetale.

Pulite la lingua dalla pelle e tagliatela a fette.

Servire formando delle quenelle di purè di fave ed adagiare le fettine di lingua.

## LOMBATA DI MAIALE CON BIRRA AL DOPPIO MALTO E TREVISANA

difficoltà media/alta

Ingredienti

Per 6 persone

Sella di maiale circa 1,5 Kg - Pancetta g 150 - Rosmarino 1 mazzetto piccolo - 1 carota - 1 gambo di sedano - 1 cipolla rossa - 4 cespi trevisana tardiva - birra al doppio malto cl 33 - olio e.v.o. - sale e pepe q.b.

Procedimento

Disossare la sella, ricavandone due lombatine.

Tritate i ritagli e scarti insieme alla pancetta e rosmarino. Salare e pepare l'interno delle lombate e spalmate il trito. Legate e rosolate le lombate in padella con poco olio.

Asciugare la lombata. Inserire nel sacchetto per il sottovuoto, aggiungere le verdure a mirepoix e bagnare con la birra (oppure mettere nel sacchetto dei cubi di birra precedentemente congelata. Servirà ad non fare assorbire il liquido alla macchina per il sottovuoto). Cuocere il maiale nella slow-cooker con acqua per circa 3 ore in modalità low.

A cottura ultimata, togliere le lombate dal sacchetto. Dorare le lombate in forno caldo per rendere la pelle croccante. A parte fate restringere il liquido di cottura e poi filtratelo.

Dopo avere lavato la trevisana tagliarla in 4 parti e stufatela in un tegame con poco olio, aggiungere 1 cucchiaio di zucchero, 2 di sale ed un goccio d'acqua.

Tagliare le porzioni di lombata e posizionarle sopra la trevisana nappando con il liquido di cottura filtrato.

# LINGUA DI VITELLONE CON VERDURE E PESTO DI RUCOLA

difficoltà media/alta

Ingredienti

per 4 persone

250 g di lingua di vitellone, 70 g brodo di carne, 80 g di brunoise di verdure, 100 g di rucola, 40 g parmigiano reggiano , 15 g, pinoli, 10 g noci,100 g di melanzane viola, 100 g di zucchine, 100 g di cavolo cappuccio viola, olio e.v.o. q.b., sale e pepe, 400 g di brodo vegetale, 2 g colla di pesce o Agar Agar.

Procedimento

Lasciare la lingua sotto acqua corrente per circa 3 ore, asciugarla, inserirla in un sacchetto sottovuoto con la brunoise di verdure ed il brodo di carne (se non possedete una sottovuoto a campana congelare il brodo di carne e successivamente inserirlo nel sacchetto). Cuocere nella slow-cooker per circa 12 ore. Tagliare le melanzane e le zucchine sottili con mandolina, dopo averle pelate. Pulire il cavolo viola.

Saltare molto velocemente le verdure in una padella antiaderente con un goccio di olio e.v.o. , salare e pepare. Portare il brodo vegetale ad ebollizione, aggiungere la colla di pesce o l'agar agar e lasciare bollire per 2 minuti circa. Preparare il pesto frullando tutti gli ingredienti, a parte il parmigiano, che andrà aggiunto successivamente. Preparare una terrina con strato di brodo vegetale e verdure. Tra uno strato e l'altro spalmare un po' di pesto. Abbattere di temperatura.

Servire la lingua sullo strato di verdure.

## TERRINA DI PESCATRICE CON PESTO DI POMODORI SECCHI, CAPPERI E MANDORLE

difficoltà media/alta

<u>Ingredienti</u>

per 4 persone

800 g pescatrice, 40 g pomodori secchi, 15 g capperi, 20 ml olio e.v.o. , 40 g frutti di capperi, 300 g pomodori pachino, 20 gr. mandorle

<u>Procedimento</u>

Tagliare i pomodori a metà salarli e lasciarli scolare per almeno 2 ore. Mettere a bagno i pomodori secchi, sgocciolare e dissalare i capperi e i frutti di capperi. Frullare i pomodori secchi con i capperi le mandorle ed i frutti di capperi. Scolare dall'acqua di vegetazione i pomodori, frullarli con dell'olio e passarli allo chinois. Conservare la fonduta di pomodoro al fresco. Spellare e sfilettare la pescatrice. Aprire a portafoglio i filetti. Farcirli con il pesto ed avvolgere delicatamente con pellicola. Mettere sotto vuoto e cuocere in slow-cooker per 25 minuti. Abbattere di temperatura. Affettare la terrina e servirla con insalata valeriana, i frutti di capperi e la fonduta di pomodoro.

# SELLA DI CONIGLIO AL PECORINO DI FOSSA, CRUDO DI CINTA SENESE, CERFOGLIO E ASPARAGI

difficoltà media/alta

Ingredienti

per 4 persone

800 g di sella di coniglio disossata, 200 g prosciutto di cinta senese, 150 g di pecorino di Pienza, pepe nero, cerfoglio q.b. , prezzemolo, rete di maiale, battuto di lardo con rosmarino, 200 g di asparagi puliti, e.v.o. , sale , brodo vegetale.

Procedimento

Parare il coniglio, eliminare i nervi i batterlo leggermente.

Condire con il trito di prezzemolo e cerfoglio, pepe nero ed il battuto di lardo e rosmarino. Distribuire le fettine di crudo sul coniglio e intramezzare le fette di pecorino di fossa. Arrotolare ed avvolgere nella rete del maiale.

Legare con spago. Chiudere in sacchetto sottovuoto e cuocere in slow-cooker per circa 5 ore. Dopo avere raffreddato rosolare in olio per creare una crosticina.

Pelare gli asparagi, inserirli in sacchetto sottovuoto con il pepe ed il brodo vegetale (eventualmente congelato) e cuocere in slow-cooker su high per 30 minuti.

## TAGLIATA DI FASSONA, SALSA CHIMICHURRI SU ORTAGGI CROCCANTI.

difficoltà media/alta

Ingredienti

per 4 persone

500 g di scamone di fassona, sale, pepe, rosmarino, prezzemolo, peperoncino, aglio, paprica, origano, cumino, timo, coriandolo, limone , alloro, julienne di zucchine, cipolla rossa di troppa, sedano rapa, finocchio.

Procedimento

Parare la carne, aromatizzare con rosmarino e passare in padella con olio su tutti i lati.

Mettere in sacchetto da sottovuoto e cuocere in slow-cooker per 1 ora.

Preparare la salsa chimichurri tritando finemente prezzemolo, peperoncino ed aglio, aggiungendo olio e sempre tritati fini, anche della paprica, origano, cumino, timo, coriandolo, limone ed alloro.

Levare la carne dal sottovuoto, tagliare e servire subito sulla insalata di ortaggi e nappare con salsa chimichurri.

## LONZA DI MAIALE SU INDIVIA BELGA CARAMELLATA, POMODORI CONFIT, CARCIOFI E RIDUZIONE DI ACETO BALSAMICO

difficoltà alta

Ingredienti

per 4 persone

800 g di lonza, 100 g di coppa tagliata fine, rosmarino, timo, salvia, 3 carciofi, 200 g pomodorini pachino, 500 ml di aceto balsamico, zucchero, sale, olio e.v.o. , 1 chiodo di garofano, 1 bacca di ginepro, ½ stecca cannella, 2 cespi di indivia belga

Procedimento

Aprire a libro la lonza. Pepare, salare e insaporire con le spezie tritate. Arrotolate la lonza e legate. Rosolare in padella con poco d'olio.

Inserire nel sacchetto per sottovuoto e cuocere per 5 ore nella slow-cooker. A cottura ultimata, rimuovete dal sacchetto la lonza.

Tagliare con mandolina l'indivia belga, passare in padella con poco zucchero e sale.

Tagliare i pomodorini in 4. Disponete i pomodorini tagliati su una teglia ricoperta di carta forno con la parte del taglio rivolta verso l'alto. Salate e pepate.

Preparate il trito di aglio versatelo su ogni pomodorino e aggiungete lo zucchero – circa 30 g -

Versate un filo d'olio su ogni pomodorino. Infornate il tutto a in forno statico preriscaldato a 140° per circa 2 ore, fino a quando l'acqua di vegetazione dei pomodorini non sarà evaporata.

Per la riduzione di aceto balsamico, versare l'aceto in un tegame e porre sul fuoco a fiamma bassa. Unire un cucchiaio di zucchero. Aggiungete il ginepro, chiodo garofano e cannella e lasciate ridurre di oltre la metà l'aceto balsamico.

Pulire i carciofi e saltare in padella con poco olio per qualche minuto.

Servire la lonza a fette su l'indivia belga, guarnendo con i pomodorini e carciofi e versando poca salsa di aceto.

## COSCIOTTO DI CASTRATO CON PUNTARELLE

difficoltà alta

Ingredienti

per 4 persone

2 cosciotti di castrato, olio e.v.o. , rosmarino, sale e pepe, timo, 1 costa di sedano, 1 carota, 1 cipolla rossa, 100 ml di brodo vegetale, 1 arancia, noce di burro, 120 gr. di puntarelle fresche, aceto balsamico.

Procedimento

Parare il cosciotto, salare e pepare e cuocere in sacchetto sottovuoto con carota, sedano, timo e rosmarino per 20 ore su low.

Sfilacciare la carne dopo la cottura, compattarla in teglia ed una volta fredda ricavare dei rettangoli.

Tagliare con mandolina la cipolla rossa di tropea. Marinare per 2 ore in olio, arancia, sale e zucchero. Pelare l'arancia, eliminando la parte bianca ricavarne il succo.

Con mixer ad immersione emulsionare il brodo vegetale, il succo di arancia il burro a circa 62 gradi.

Scottare le puntarelle in acqua bollente per 45 sec. Raffreddare con acqua e ghiaccio.

Tagliare e condire con aceto balsamico, sale, olio e.v.o. e pepe. Scottare i rettangoli in padella preriscaldata.Mettere le puntarelle alla base del piatto.Aggiungere la cipolla la carne e filo di olio e.v.o.

## CALAMARO CON POMODORI CONFIT E SALSA ALLO ZENZERO E CERFOGLIO

difficoltà alta

Ingredienti

per 4 persone

1 calamaro grande da 1 – 1,2 kg circa, 400 g pomodori freschi; olio e.v.o. , timo, pepe, 1 limone bio, 20 gr zenzero fresco; 20 gr acqua fredda; 5 gr succo di limone; 1 gr zucchero; 1 gr sale; gomma xantana; scorze di limone grattugiato, cerfoglio

Procedimento

Pulire il calamaro togliendo anche la pelle.

Dividere il corpo dai tentacoli e condizionare in due sacchetti per cottura sottovuoto. Cuocere in slow-cooker su low per 20 minuti. Abbattere di temperatura.
Tagliare il calamaro a listarelle. Dividere i calamari in porzioni e conservare in sacchetti sottovuoto in frigo.

Sbollentare i pomodori, pelarli e tagliarli in quarti. Asciugare con un panno pulito, condire con pepe ed il timo.
Ricoprire una teglia da forno con i pomodori, coprire con l'olio, quindi cuocere in forno a 110° C per 2 ore. Scolare i pomodori e lasciarli raffreddare.

Quando saranno freddi, tritarli al coltello, raccogliere la polpa in una bacinella, condire con sale, pepe e una grattugiata di scorza di limone.
Conservare. Tagliare lo zenzero a fette e tostarlo in una pentola antiaderente. Raccogliere lo zenzero in un pentolino aggiungere

acqua fredda e portare a ebollizione. Lasciar sobbollire per circa 15 minuti.

Lasciare in infusione per 2 ore, passare allo chinoise e raffreddare. Aggiungere il succo di limone, il cerfoglio tritato, la scorza di limone, il sale e lo zucchero. Legare con la gomma xantana calcolando 1 gr di prodotto ogni 100 gr di liquido.

Rigenerare il calamaro passandolo in padella.


Disporre nei piatti il calamaro e decorarlo con tutti gli ingredienti, la salsa e l'olio.

## FONTI

Libri:

Cristina Scateni, Slow cooking per tutti, Ponte alle Grazie, Adriano Salani Editore s.u.r.l. , 2013

Claudio Sadler, Manuale dello Chef, Giunti Editore S.p.A. , 2013

Siti web e blog:

http://www.diritto.net

http://blog.giallozafferano.it

# Indice alfabetico delle ricette

## Slow cooker

# HAPPY SLOW COOKING

.

# Slow cooker con sottovuoto

# HAPPY SLOW COOKING

85 LONZA DI MAIALE CON LARDO SU INDIVIA BELGA CARAMELLATA, POMODORI CONFIT, CARCIOFI E RIDUZIONE DI ACETO BALSAMICO

69 MOZZARELLA RIPIENA DI TONNO SU CREMA DI POMODORI

68 POLLO ALLA DIAVOLA ALLA BIRRA ROSSA

72 REALE MAIALE CON PERE E UVA

76 SALMONE SU SALSA DI ASPARAGI E PATATE VIOLA

71 SCALOPPA DI SALMONE CARAMELLATO CON MELAGRANA E INDIVIA BELGA

83 SELLA DI CONIGLIO AL PECORINO DI FOSSA, CRUDO DI CINTA SENESE, CERFOGLIO E ASPARAGI

64 STINCO DI MAIALE E CIPOLLA TROPEA

84 TAGLIATA DI FASSONA, SALSA CHIMICHURRI SU ORTAGGI CROCCANTI

82 TERRINA DI PESCATRICE CON PESTO DI POMODORI SECCHI CAPPERI E MANDORLE

74 UOVA BIO, GUANCIALE DI MAIALE, CACIO E ASPARAGI

62 VITELLO TONNATO AL CAFFÈ

Lightning Source UK Ltd.
Milton Keynes UK
UKHW020715200122
397455UK00009B/482

9 781326 021160